CB134151

www.achetudo.com.br

Aprenda a encontrar tudo o que você precisa na internet

São Paulo
2010

EDITORA ALAÚDE

1ª edição em agosto de 2010 – Impresso no Brasil

Diretor-geral: Antonio Cestaro
Gerente editorial: Otacília de Freitas
Editora executiva: Ibraíma Dafonte Tavares
Assistente editorial: Leandro Rego Morita
Editor de arte: Walter Cesar Godoy
Editor-assistente de arte: Rodrigo Azevedo Frazão

Ilustração da capa: Seri

Texto e consultoria técnica: Walter Ruiz Jr.

Impressão e acabamento: Ipsis Gráfica e Editora S/A

Dados Internacionais de Catalogação na Publicação (CIP)
(Câmara Brasileira do Livro, SP, Brasil)

---

achetudo.com.br : aprenda a encontrar tudo o que você precisa na internet / coordenação editorial Editora Alaúde. -- São Paulo : Alaúde Editorial, 2010.

1. Internet (Rede de computador) 2. Internet (Rede de computador) - Pesquisa.

10-07550 CDD-004.67

Índices para catálogo sistemático:

1. Internet : Redes de computadores : Pesquisa : Processamento de dados 004.67

ISBN 978-85-7881-049-8

Alaúde Editorial Ltda.
Rua Hildebrando Thomaz de Carvalho, 60
CEP 04012-120 - São Paulo - SP - Brasil
Tel.: (11) 5572-9474 / 5579-6757
www.alaude.com.br
alaude@alaude.com.br

Sumário

Introdução

A internet mudou e continuará mudando a vida das pessoas de muitas maneiras e em quase todas as áreas: nos estudos, no trabalho, nas amizades, nos relacionamentos, na comunicação, no comércio, na diversão, no cotidiano, etc. Porém, exatamente como na vida, para que possamos desfrutar das melhores oportunidades, precisamos saber achar o que queremos de uma forma rápida e eficiente.

Imagine entrar em um lugar em que milhões de pessoas se encontram, trocam informações, publicam textos, fotos e vídeos, e tudo em tempo real, ao mesmo tempo, e estando em contato com pessoas do mundo todo. Em um primeiro momento, isso pode até causar desconforto, pois é como se estivéssemos no meio de um tumulto e não tivéssemos controle de nada. Porém, na internet, você pode assumir o controle! A proposta deste livro é ajudá-lo a assumir o controle e conseguir utilizar a internet de uma forma útil, divertida e rápida.

A internet é uma grande "teia de aranha". É como se os fios da teia ligassem milhões de computadores e permitissem o acesso a informações e a pessoas de qualquer lugar do mundo. É justamente por esse número quase infinito de possibilidades que a maioria das pessoas, quando começa a navegar na internet, encontra uma enorme dificuldade em conseguir resultados interessantes para seu dia a dia. Mas nós vamos ajudá-lo a vencer essa barreira.

Para que você possa utilizar este livro, supomos que você já possui acesso à internet e sabe utilizar algum navegador (ou browser, em inglês), como o Microsoft Internet Explorer (IE), o Firefox, o Google Chrome, etc., para acessar os sites disponíveis. Ou seja, você sabe abrir um navegador, digitar um endereço de um site e navegar no seu conteúdo clicando nos links desse site.

Em vários pontos deste livro, citamos sites da internet que consideramos serem populares no Brasil. Para outros países, as indicações certamente seriam outras, mas menos úteis para a nossa realidade.

Este livro está dividido em partes, sendo cada uma delas dedicada a ajudá-lo a achar determinado tipo de assunto na internet, como temas específicos, produtos e compras, amigos, pessoas para relacionamentos, empregos, etc.

Sugerimos que, na primeira vez, você leia este livro do início ao fim, e que depois faça uma segunda leitura das partes de seu interesse procurando praticar as dicas diretamente no computador. Desse modo, será possível, de fato, aprender e memorizar as dicas que damos nestas páginas. Boa leitura e sucesso em suas buscas na internet!

As ferramentas para achar tudo na internet

A estrutura da internet

A internet é uma rede de comunicação que interliga milhões de computadores do mundo todo. Desde o início da formação da internet (que começou em meados na década de 1960, nos Estados Unidos), foram estabelecidos alguns modos de utilizar essa interligação de computadores para que as pessoas pudessem trocar e armazenar informações. Um desses modos é o e-mail, ou seja, o correio eletrônico. Existem programas específicos para trocas de e-mails, e é necessário que as pessoas cadastrem-se em um serviço que ofereça um endereço de e-mail e um programa para mandar mensagens.

Outro modo de utilizar a internet é pela navegação em páginas de serviços e informações, e isso é conhecido como www, ou seja, world wide web ("teia de alcance mundial", em inglês, e se refere à grande rede de computadores que é a internet). Se um computador possuir conexão com a internet e tiver instalado um programa chamado navegador, ou browser, ele conseguirá exibir informações. Como já mencionamos na introdução, alguns exemplos de navegadores são o Microsoft Internet Explorer, o Firefox, o Google Chrome, o Mozila, etc.

Os sites

No formato www, as informações são organizadas em conjuntos de páginas denominados sites (pronuncia-se "sái-tes"). Cada página ou site tem um endereço único na internet (que fica escrito no navegador) e pode ser acessado quando digitamos seu endereço no navegador ou quando clicamos com o mouse sobre palavras ou trechos de texto especiais, conhecidos como links (ou atalhos), que fazem com que o navegador acesse e mostre para você outra página (ou site). Em geral, o cursor do mouse, quando passa por um link, muda de forma, alterando o formato de flecha para mão, o que indica que determinada palavra ou trecho é um link, e que pode ser clicado, levando a outra página ou site.

Todo site da internet tem um endereço virtual e possui um proprietário. O endereço virtual de um site costuma começar com **http://www**, mas isso pode variar, como veremos adiante. Nesse endereço, o proprietário do site, que pode ser uma pessoa ou uma empresa, publica informações diversas, que podem ser desde propagandas de seus produtos e serviços, notícias, catálogos, comentários sobre assuntos diversos até uma infinidade de outros tipos de informação, abrangendo texto, fotos, sons, música e vídeos. Esse proprietário pode, inclusive, permitir que outras pessoas também publiquem informações em seu site, como acontece, por exemplo, quando alguém comenta uma notícia em um portal ou em um blog.

Cada site possui um endereço único principal da internet. Nesse site, porém, podem existir muitas outras páginas. Hoje há bilhões de páginas disponíveis na internet, que contêm os mais diversos temas e dados. Como achar um assunto específico em meio a tantas informações?

Para resolver essa questão, desde o início da internet surgiram soluções para se encontrar sites e assuntos. São serviços, ou seja, páginas especiais da internet em que as pessoas podem digitar palavras relativas a assuntos de seu interesse e, a partir disso, conseguir uma lista de sites que tratam desse assunto. São os famosos mecanismos de busca, ou sites de busca.

Sistemas de busca

Os sites, mecanismos ou sistemas de busca foram melhorando muito desde o início da internet. Esses sites de busca, também chamados de buscadores, possuem mecanismos automáticos que navegam o tempo todo pela internet, localizam as novas páginas que as pessoas e as empresas colocam todos os dias na web, e incluem em seu grande catálogo de páginas e palavras, que depois é usado quando você busca algo.

Hoje em dia, há três sites mais conhecidos que fazem uma boa varredura de páginas em toda a internet e são bem eficientes para buscas específicas: o Google (o mais famoso), o Yahoo! e o Bing. Você pode acessar esses sites pelos endereços: www.google.com.br, www.yahoo.com.br, www.bing.com.br. Se você digitar os endereços internacionais: www.google.com, www.yahoo.com e www.bing.com, provavelmente será redirecionado para a página brasileira, pois os buscadores reconhecem pela configuração de seu navegador que você está no Brasil. É possível usar os sites internacionais acionando os links **Google in English** ou **Go to Yahoo in English** no site desses buscadores.

Como usar os buscadores

A forma geral de procurar páginas na internet é digitar nos buscadores as palavras relativas ao assunto ou tema de seu interesse. Porém, a partir desse conceito básico, os sites de busca evoluíram muito e criaram novos métodos para garantir que as páginas oferecidas como resposta à sua busca atendam cada vez mais as necessidades dos usuários. Essa evolução dos diversos métodos de levar o usuário até as informações úteis é muito impressionante, e um grande resultado da engenhosidade humana!

Para fazer uma busca, basta ir ao site de um buscador, como www.google.com.br ou www.yahoo.com.br. Faça o teste. Você verá que os mecanismos de busca apresentam um campo para digitação da palavra ou do texto que você procura e um botão para acionar a execução da pesquisa. Veja na figura 1 a página inicial do buscador Google.

Figura 1. Página inicial do buscador Google

Buscas simples

Comecemos com buscas simples. Vamos supor que você deseja pesquisar uma receita de bolo de chocolate. Se você for ao buscador, o Google, por exemplo, e digitar a palavra **receita** para ser pesquisada, qual será o resultado?

Provavelmente, um dos primeiros resultados será o site da Receita Federal (órgão do governo responsável por cobrar e receber impostos), ou seja, bem diferente do que você procura. Veja na figura 2, a seguir, os resultados da busca pela palavra **receita**. Você pode perceber que muitos outros links, além do link para o site da Receita Federal, já indicam sites de receitas culinárias, mas são receitas de vários tipos, e não necessariamente de bolo. Mas esse já é um bom começo, pois em um site de receitas é provável que haja uma seção de receitas de bolo, no qual poderemos achar a receita de bolo de chocolate.

Figura 2. Resultados da busca pela palavra "receita"

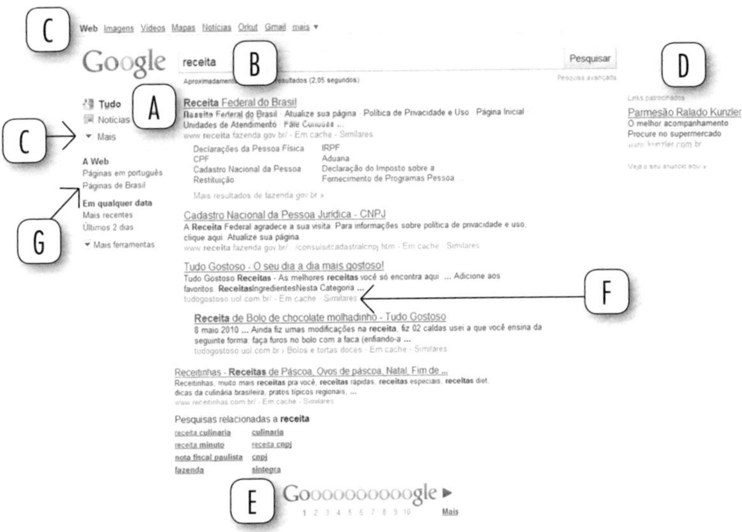

Na figura 2, no local indicado por A, fica a lista dos resultados encontrados em nossa busca a partir da palavra **receita**, que permanece no local indicado por B. Pode-se alterar o texto e fazer uma nova busca, como será mostrado a seguir. Na parte superior da página, na área C, podemos escolher resultados específicos, ou seja, resultados exclusivamente de imagens ou de vídeos, ou ainda de textos de notícias ou de páginas do Orkut. É possível clicar no botão **mais**, também indicado na área C, e ver mais opções.

Cada pesquisa costuma apresentar milhares de páginas de resultado. Os mecanismos de busca organizam esses resultados de forma que os mais relevantes fiquem no alto da primeira página. Porém, é provável que existam outros sites que interessem a você além dos apresentados na primeira página. Na área E, você pode clicar e ir para as próximas páginas e consultar os outros resultados de sua busca. Você pode clicar no número da página para ir até ela diretamente.

Em cada site ou link apresentado nos resultados da busca, há duas opções muito úteis, como é mostrado na caixa F: **cachê** e **similares** (esta última apenas no Google). Se você clicar no link **cache**, que aparece ao lado de cada resultado, o mecanismo de busca exibirá o site correspondente ao resultado, porém como uma fotografia que foi capturada da última vez que aquele site foi pesquisado. Você não estará vendo o site real naquele momento, mas uma foto da página no momento em que ela foi catalogada pelo site de busca. Isso pode ser útil se o site pesquisado estiver fora do ar ou inacessível por algum motivo. Se você clicar no link **similares**, que também aparece ao lado de cada resultado no mecanismo de busca, o Google vai exibir alguns sites que forem semelhantes àquele resultado. O termo **similares** se refere a sites relacionados ao mesmo resultado.

Na parte sinalizada por G, você encontrará filtros e ferramentas adicionais. Uma delas é a escolha por período de tempo em que o assunto foi publicado. Outra é a forma de visualização de resultados. No caso do Google, faça algumas experiências clicando em **mais ferramentas**, e teste a **roda mágica** e o **cronograma**, por exemplo.

Na área marcada com a letra D ficam os links patrocinados. Os mecanismos de busca oferecem seu serviço de graça aos usuários em geral, e uma maneira de conseguirem algum ganho é permitindo que empresas possam incluir propagandas nas páginas de resultados, que são os tais links patrocinados. Essa propaganda, na verdade, nada mais é que um link para o site da empresa que está anunciando. A empresa consegue fazer uma programação tal que seu link aparece apenas em buscas que estejam relacionadas aos seus produtos; assim, normalmente, esses links também podem ser resultados relevantes em sua busca.

Dica para achar tudo

Quando você está em uma página do mecanismo de busca que exibe vários resultados, não é incomum que deseje clicar em mais de um link. Porém, ao clicar em um link, você sairá da página do mecanismo de busca e perderá a lista de resultados. Para que você consiga ir a várias páginas de sua lista de resultados, leve o mouse sobre o link, acione o botão direito e escolha a opção **abrir em nova aba** ou **abrir em nova janela**. A página clicada abrirá em novo local sem que você tenha perdido a lista de resultados. Você pode repetir essa operação com vários links, sem perder sua lista de resultados no mecanismo de busca.

Melhore sua busca

Mostramos vários detalhes de uma busca; porém, na realidade, nossa busca de uma receita de bolo de chocolate não foi tão eficiente (o primeiro link referia-se à Receita Federal!). Vamos melhorar nossa pesquisa. Tente pesquisar a palavra **receitas**. Mas não é a mesma busca? Não! Para o mecanismo de busca, faz diferença pesquisar **receita** e **receitas**. Pesquisando a palavra **receitas**, o resultado relativo à **Receita Federal** já não aparecerá, e essa é uma maneira simples de refinar sua pesquisa. O buscador já terá "percebido" que provavelmente estamos procurando páginas de culinária e não de impostos. Isso mostra que precisamos testar vários tipos de palavras, e às vezes até variar detalhes como esse, para conseguir o resultado mais adequado.

Continue com os testes. Agora faça uma pesquisa com a palavra **bolo**. Nesse caso, já não existirá confusão em relação ao assunto, ou seja, bolo (um doce). Porém, existem muitas informações sobre bolos que podem não interessar, como, por exemplo, a definição de bolo (mostrada pelo site Wikipédia, uma enciclopédia virtual muito popular na internet). Queremos, especificamente, uma receita de bolo de chocolate.

No resultado dessa busca, surgem vários links para sites com receitas de bolo. Faça, então, a pesquisa mais adequada para achar receitas de bolo: digite as palavras **receitas bolo**.

Agora sim! Todos os resultados serão para sites com receitas de bolos. Você pode navegar por várias páginas ou sites até achar uma receita de bolo que julgue adequada. Mas você pode, ainda, detalhar melhor que tipo de bolo quer e tornar a procura ainda mais eficiente. Procure então: **receitas bolo chocolate**.

Você pode fazer ainda melhor. Pode querer encontrar receitas de bolo de chocolate fáceis de fazer, como uma receita de bolo de liquidificador. Para isso, acrescente na sua busca a palavra **liquidificador**: **receitas bolo chocolate liquidificador**.

Aproveite para treinar e fazer vários tipos de pesquisas, como um tema que você esteja estudando, algo que você conversou com seus amigos ou algum lugar do mundo que você queira conhecer melhor!

As melhores palavras em uma busca

Você deve ter percebido, pelo exemplo anterior, que para conseguir o resultado que procura é necessário usar as palavras certas, ou pelo menos as mais acertadas. Mas o que seria uma palavra certa? Uma palavra certa é aquela que provavelmente a maioria dos sites utiliza para encontrar algo. Dessa maneira, precisamos procurar variações para o termo relativo a algo que queremos encontrar. Por exemplo, quando queremos uma **ajuda** sobre algo, podemos utilizar outras formas para a mesma ideia, ou seja, **dica**, **informação**, **manual**, **o que é**, **como funciona**, etc.

Outra forma de dizer isso é como o Google explica em seu site: pense em como a página que você busca foi escrita. Um mecanismo de busca não é um ser humano, mas um programa de computador que combina as palavras pesquisadas com páginas da internet. Use as palavras que tenham maior probabilidade de aparecer na página. Por exemplo, em vez de digitar **a cabeça dói**, use **dor de cabeça**, porque esse é o termo mais comum.

Uma forma de melhorar sua busca é utilizar mais palavras que possam estar relacionadas ao assunto de seu interesse. Vamos imaginar que você assistiu na TV a uma reportagem sobre alimentação natural, que apresentou um médico explicando a importância de melhorar sua alimentação e que demonstrou uma maneira simples de comer mais de forma mais saudável: ele foi para a cozinha e preparou um suco de legumes e verduras. Agora você quer mais detalhes dessa receita de suco, mas você não lembra o nome do médico e nem do programa. Como você iniciaria sua busca? Tente: **médico suco programa TV**. Como resultados, são mostrados alguns links sobre o assunto, e o primeiro parece apontar diretamente para o que você procura. Pronto, você encontrou (teste e verá que funciona!).

Dica para achar tudo

Atenção: os mecanismos de busca não diferenciam letras maiúsculas de minúsculas, e nem caracteres acentuados.

A ordem das palavras na busca

Outro ponto importante a ser destacado é que, em algumas circunstâncias, a ordem das palavras faz diferença no resultado da pesquisa. Faça as pesquisas nas seguintes sequências e veja como os resultados são diferentes: **cursos informática** e **informática cursos**. Os resultados das duas buscas serão interessantes e úteis, porém diferentes. Em cada um deles, a ordem dos links listados no mecanismo de busca será bem diferente. Em algumas buscas, essa diferença pode estar relacionada ao próprio conteúdo, ou seja, pode trazer respostas interessantes. Isso acontece quando uma palavra é utilizada em muitos contextos, e o fato de você colocá-la antes aumenta muito o número de possíveis respostas. Outra possibilidade para o mesmo exemplo é trocar a palavra **informática** pela palavra **computador**; você conseguirá outro grupo de resultados.

Uma busca interessante para você treinar: procure informações sobre **papel para impressão de jornais e revistas** e você provavelmente verá dados sobre a indústria gráfica. Depois, procure **papel da imprensa** e você verá a importância da imprensa como instituição na sociedade. Em resumo: ao realizar uma busca, tente usar várias palavras relacionadas ao assunto, além de mudar a ordem em que as coloca na busca.

Quem e como

Muitas buscas na internet são realizadas para saber como algo funciona ou para pesquisar quem realizou certo feito. Para fazer pesquisas desse tipo, utilize construções simples e eficazes em suas buscas, assim:

- **Como funciona forno micro-ondas**
- **Quem descobriu Brasil**

Palavras exatas

Você já deve ter percebido que suas buscas serão mais eficientes quanto mais corretamente conseguir escolher as palavras relativas ao assunto que quer pesquisar. Existem alguns recursos para isso, e eles funcionam de maneira similar nos principais sistemas de busca, como o Google e o Yahoo. Um primeiro recurso é a busca da frase exata. Quando colocamos um conjunto de palavras entre aspas ("), a busca faz retornar apenas as páginas que contenham aquela frase exata que está entre aspas. A busca exata pode ser muito útil, por exemplo, na busca do nome de uma escola ou de uma faculdade conhecida, como o Mackenzie. Se você estiver procurando informações sobre uma determinada faculdade dessa universidade, como engenharia, será bem mais eficiente digitar **"engenharia Mackenzie"**.

O mesmo recurso de aspas pode ser útil quando você estiver procurando informações sobre uma pessoa. Escreva o nome completo da pessoa entre aspas, ou pelo menos um nome e um sobrenome. Experimente procurar o seu próprio nome. Esse recurso também pode ser muito útil quando se deseja procurar uma citação, um trecho de música ou um trecho de texto. Por exemplo: **"ouviram do Ipiranga as margens plácidas"**.

Eliminação de páginas indesejadas

É comum, em uma busca, obter resultados similares de determinado assunto, que, entretanto, você sabe que não lhe são úteis. Por exemplo, se você estiver procurando pela palavra **tapete**, interessado na história ou em como se faz tapetes, podem aparecer resultados de lojas que querem vender tapetes. Existe um recurso que permite excluir determinados tipos de páginas que contenham uma ou mais palavras: basta colocar um sinal de menos (-) antes da palavra que estiver relacionada a um resultado indesejado. Por exemplo, **tapete-venda**. Note que a palavra deve ficar encostada no sinal de menos.

Busca avançada

Todos os buscadores oferecem um link para uma página de busca avançada. Busca avançada significa uma busca mais refinada, com mais parâmetros fornecidos para o mecanismo de busca. Na página de busca avançada, você encontrará um conjunto de campos que podem ser utilizados para criar uma pesquisa mais precisa. Muitos desses recursos podem, no entanto, ser conseguidos utilizando os comandos já explicados.

Todas as páginas de pesquisas avançadas têm um campo para **expressão** ou **expressão exata**, que produz o mesmo resultado de quando você utiliza a frase ou palavra entre aspas na pesquisa simples. Alguns campos que você encontra em páginas de busca avançada são **idioma**, no qual você pode selecionar o idioma em que quer obter resultados, e **país ou região**, com o qual é possível fazer buscas apenas em páginas que sejam de determinado país.

Comandos de busca avançada

Você também pode realizar buscas avançadas digitando alguns comandos no campo do próprio mecanismo de busca. Veja a seguir alguns comandos que funcionam na maioria dos sistemas de busca.

COMANDO	O QUE ELE FAZ?	EXEMPLO DE USO
OR	Procura por dois termos em uma mesma busca	Ronaldo OR Fenômeno
~	Procura pela palavra e também por seus sinônimos	~bola
define:	Procura definições de um termo	define:imposto
*	Serve como coringa para uma busca quando não se sabe ou não se quer especificar um termo	tenho * dinheiro
site:	Restringe a busca a um site específico	livros site:avon.com.br
link:	Encontra páginas com links para determinado endereço	link:avon.com.br
related:	Mostra páginas relacionadas a um termo ou site	related:www.abf.com.br
cache:	Mostra a última versão em cache (guardada) de determinada página ou site	cache:uol.com.br
filetype:	Mostra páginas com arquivos de determinado tipo ou aplicativo, como PDF ou doc (Word)	Receitas de bolo filetype:doc

Barras de busca

Os navegadores, ou browsers, foram construídos de forma tal que qualquer empresa pode oferecer aos usuários a possibilidade de adicionar novas funcionalidades. Esses programas que proporcionam funcionalidades extras e que são acrescidos ao navegador são conhecidos como plug-ins. Alguns plug-ins, inclusive, já são instalados junto com o navegador, pois seu uso é tão comum que é necessário tê-los disponíveis para utilização desde o início. Um exemplo são os plug-ins para ver animações em sites (como Adobe Flash) ou para ver documentos no formado PDF (como o Adobe Reader).

Em geral, os sites de busca oferecem plug-ins que aparecem como uma barra de ferramentas do navegador, ficando próxima à parte superior da tela. Esses plug-ins são conhecidos como **barra de busca**, **barra de pesquisa** ou ainda **barra de ferramentas**. Veja na figura 3, a seguir, o exemplo do Google. Tanto o Google como o Yahoo têm disponível um plug in para o navegador Internet Explorer ou para o Firefox que facilita a realização de buscas e ainda pode cumprir outras funções, como armazenar seus sites favoritos e adicionar botões extras para acesso rápido a funções, como e-mail.

A grande vantagem de ter barras de busca instaladas no browser, ou navegador, é permitir que você realize uma busca sem precisar entrar no site de busca. Veja que, na figura, há uma página em branco, ou seja, não estamos vendo nenhum site. Mesmo assim, podemos utilizar o campo de texto de pesquisa na barra de busca A para digitar as palavras desejadas, acionar o botão de pesquisa e, como resposta, obter o resultado dessa pesquisa.

Essa já é uma excelente vantagem, pois é possível realizar uma procura com facilidade e rapidez, evitando a digitação do endereço do site de busca. É uma pequena economia de tempo e recursos, mas, quando é preciso repetir isso milhares de vezes ao longo do tempo, o recurso torna-se um bom benefício.

Figura 3. O plug-in do Google instalado no Internet Explorer

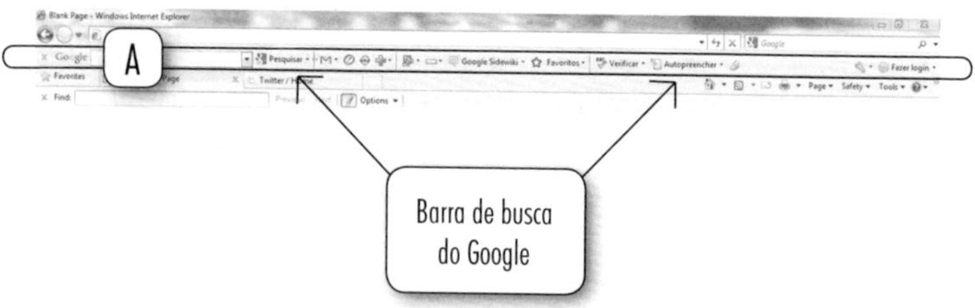

As barras de busca também oferecem outras funcionalidades muito interessantes. Uma delas é o bloqueador de pop-ups. Pop-up é aquela pequena janela extra do navegador que abre automaticamente quando você entra em um determinado site. Essas janelas extras em geral são de propagandas e acabam dificultando a navegação. Bloqueá-las, portanto, pode ser muito desejável. É claro que, em certas situações, você precisa ou até quer ver esse pop-up. Isso não é problema: existe um botão do bloqueador na barra de ferramentas que avisa quando os pop-ups de determinado site são bloqueados e permite que você volte a visualizar pop-ups daquele site.

Se você utiliza o Gmail ou o e-mail do Yahoo!, é possível acessar sua caixa postal a partir da barra de busca, bastando, para isso, apenas acionar o botão de e-mail. Com uma barra de ferramenta, você poderá utilizar muitas outras funcionalidades oferecidas, bastante práticas para o dia a dia.

E como achar a barra de busca para instalar? Faça a pesquisa: **google barra ferramentas download** ou **yahoo barra ferramentas download**.

Favoritos

Os navegadores sempre oferecem a possibilidade de guardar os principais sites que você costuma visitar, ou seja, seus favoritos. Favoritos são atalhos armazenados que você pode usar a qualquer instante para ir aos sites que mais usa, como portais de notícias, o site da sua empresa, o site de busca de sua preferência, etc. Porém, há um detalhe: se seu computador tiver algum problema e você precisar reinstalar seus programas, você perderá todos os seus favoritos! Se você quer acessar seus favoritos em outro computador, na casa de um amigo ou em uma lan house, eles não estarão disponíveis para você.

O Google oferece um serviço que permite que você armazene seus favoritos na sua própria conta do Google, seja qual for o computador que você estiver usando. O recurso dos favoritos do Google permite que você salve atalhos para suas páginas favoritas da internet e as acesse com rapidez. Diferentemente dos favoritos do navegador, que são armazenados em um único computador, os favoritos do Google são armazenados na sua conta do Google. Isso significa que você pode acessá-los de qualquer computador conectado à internet pela barra de ferramentas do Google ou pela página inicial dos favoritos do Google. Para ativar ou desativar o recurso dos favoritos do Google, siga os seguintes passos:

- Clique no ícone que mostra uma chave inglesa na barra de ferramentas do Google.

- Na opção **ferramentas**, marque (ou desmarque) a caixa de seleção **favoritos**.
- Clique em **salvar**.
- Para importar os favoritos de seu navegador para os favoritos do Google, faça login na sua conta do Google clicando no botão **fazer login** da barra de ferramentas Google.
- Clique no menu suspenso do botão **favoritos** e selecione **importar favoritos do IE** ou **importar favoritos do Firefox**.
- Marque as caixas de seleção dos favoritos que deseja importar.
- Clique em **importar**.

Como criar uma conta no Google ou no Yahoo!

Para você usar todos os recursos da barra de ferramentas do Google ou do Yahoo!, você precisa ter uma conta nesses sites. Para criar uma conta no Google, basta acessar a página https://www.google.com/accountsNew Account?hl=pt_BR, inserir um endereço de e-mail válido e escolher uma senha. Depois que tiver feito a inscrição, você receberá um e-mail de confirmação. Clique no link desse e-mail para concluir o processo de confirmação.
Sua conta do Google dará acesso a vários produtos do Google, incluindo as funções da barra de ferramentas, o iGoogle (página personalizada do Google para colocar seus serviços preferidos), o histórico da web, o Picasa (álbum de fotos) entre outros. É necessário criar uma conta no Google mesmo que você já tenha uma conta de

e-mail no Gmail. Nesse caso, o e-mail informado pode ser o mesmo do Gmail.
No caso do Yahoo!, se você tiver um e-mail no Yahoo! mail, automaticamente já terá uma conta no Yahoo!. Para criar uma conta no Yahoo!, cadastre-se na página principal (www.yahoo.com.br). O formulário é um pouco mais completo do que o usado pelo Google, mas já criará um e-mail para você no Yahoo!, junto com sua conta.

Yahoo! Respostas

Uma forma diferente de procurar algo na internet é utilizar o site Yahoo! Respostas. O Yahoo! Respostas é um site em que as pessoas podem fazer perguntas sobre qualquer tema e receber respostas de pessoas reais, que compartilham fatos, opiniões e experiências pessoais. Você pode participar colocando perguntas, respondendo a questões de outros participantes ou ainda navegando pelas perguntas respondidas.

De certa maneira, você sempre está pesquisando o Yahoo! Respostas, pois as páginas desse serviço são também pesquisadas pelos mecanismos de busca. Mas é muito mais interessante e divertido pesquisar diretamente no site. Experimente: entre na página http://br.answers.yahoo.com e depois na opção **perguntas respondidas**. Vamos supor que você está pensando em trocar as lâmpadas de sua casa por lâmpadas fluorescentes. Qual seria a melhor marca? Quais são as opções? Pesquise: **tipo lâmpada fluorescente**.

Algumas perguntas sobre o tema em geral já terão sido feitas e respondidas; assim, você pode navegar pelas perguntas e respostas anteriores e descobrir a opinião das pessoas que já passaram por uma situação similar. A partir da página principal, você também tem a opção de fazer uma pergunta; para isso, você precisa ter uma conta no Yahoo! (veja no box como criar). O tempo de resposta é impressionante! Em menos de meia hora, em geral, você começará a receber as respostas!

2

Ache amigos e relacionamentos

Encontre e reencontre amigos e conhecidos

Apesar de fazer parte de um mundo considerado virtual, a internet é frequentada por pessoas reais. Por isso, ela é um excelente recurso para conhecer gente nova ou encontrar amigos e conhecidos, iniciar novos relacionamentos e até reencontrar pessoas que não vemos há muito tempo.

Ao longo da vida, vivemos alguns momentos intensos e felizes com determinadas pessoas, mas o tempo passa, as circunstâncias mudam, e depois de algum tempo já não temos mais nenhum contato com muita gente que foi muito importante em algum período da nossa história. Até antes da era da internet, localizar e voltar a manter contato com esses companheiros de outros tempos era uma tarefa trabalhosa e às vezes até impossível. Permanecer em contato com amigos distantes também era muito caro, o que impossibilitava o contato. Porém, hoje a realidade é outra! Utilizando a internet, é possível localizar quase todos os que passaram por nossa vida. Além disso, é viável manter um contato frequente mesmo com quem está longe, sem grandes gastos e, principalmente, conforme a disponibilidade de tempo.

Tenha um e-mail pessoal

Ter um e-mail é algo importante para quem utiliza a internet. Hoje, é o meio mais eficiente de receber mensagens e informações, tanto no âmbito pessoal quanto no profissional. Muitas pessoas têm e-mails com o nome da empresa ou instituição em que trabalham. Porém, é recomendado também ter um endereço de e-mail pessoal, pois ele é necessário para cadastrar-se em determinados sites e para receber boletins e informativos periódicos. Se a intenção é conectar-se a pessoas, o email pessoal é fundamental para participar de comunidades e sites de relacionamento, permitindo que, com o passar do tempo, as pessoas possam continuar em contato com você.

O primeiro passo para quem deseja encontrar pessoas na internet é, então, criar um endereço pessoal de e-mail, se ainda não o tiver. Ele pode ser criado em um site de serviço de e-mails gratuitos. Os principais e-mails gratuitos são o Gmail, do Google; o Hotmail, da Microsoft; e o Yahoo! Mail, do Yahoo!. Veja no box a seguir como criar um e-mail gratuito.

Procure manter seu e-mail sempre ativo, verificando suas mensagens frequentemente. A maioria dos sites de e-mail gratuito possui um ótimo sistema de agenda de contatos, que permite que você armazene, além do e-mail, vários dados sobre as pessoas para quem você manda mensagens, o que facilita o uso.

Crie um e-mail pessoal grátis

Já explicamos como criar um e-mail gratuito no Yahoo! na parte que explica a criação de uma conta no Yahoo! para utilizar os recursos da barra de buscas. Para criar uma conta no Hotmail, acesse o site www.hotmail.com e o link **inscrever-se**. Você criará uma conta no Windows Live ID, o que dá acesso ao Hotmail, ao Messenger (ou MSN), Xbox LIVE e a outros serviços da Microsoft. O primeiro passo é definir qual será seu endereço de e-mail, que deverá ser o mesmo endereço do WindowsLiveID. De preferência, você deve escolher um e-mail sério, sem termos jocosos ou pejorativos e que lhe identifique facilmente para as pessoas, pois facilita a lembrança. Muitas vezes se escolhe um apelido, mas a vida muda e você pode não querer ser mais conhecido por aquela denominação.

O site do Hotmail costuma sugerir alternativas, incluindo números, mas muitas vezes eles não fazem muito sentido. Considerando que é possível utilizar alguns caracteres especiais como o ponto (.) e o underline (_), é bem provável que você consiga uma combinação interessante para seu endereço de e-mail. Em seguida, será solicitada uma senha. É importante que seja uma senha segura, ou, como é chamada no meio da internet, uma senha forte. As senhas fortes contêm entre 7 e 16 caracteres e não incluem palavras ou nomes comuns, combinando letras maiúsculas, minúsculas, números e símbolos.

Nunca use seu próprio nome, e, de preferência, se usar palavras presentes no dicionário, alterne as letras variando entre maiúsculas e minúsculas, além

de usar números e símbolos. Isso evita que alguém ou algum programa descubra sua senha facilmente. Após preencher os demais campos e clicar no botão **aceito** (para as condições de uso do e-mail), você será direcionado para o acesso à sua nova conta de e-mail. Importante: não deixe de entrar regularmente no seu e-mail, pois com muito tempo sem acesso ele poderá ser apagado.
Para criar uma conta no Gmail, digite www.gmail.com e siga as instruções, que são muito parecidas às que demos para a criação de conta no Hotmail.

Sites de relacionamento

Hoje, são muito comuns os sites de relacionamento. Quase todo mundo já ouviu falar de Orkut, Facebook, Twitter, que são sites de relacionamento bem conhecidos, mas há inúmeros outros sites, em que as pessoas se agrupam por temas de afinidade, como música, leitura, atividades profissionais, hobbies, etc.

Milhares de pessoas todos os dias juntam-se a sites de relacionamento, também chamados de redes sociais. Por isso, é bem possível que você consiga encontrar pessoas de seu convívio social e tornar-se amigo delas também no mundo virtual, ou então encontrar pessoas que não via há muito tempo. Você também pode conhecer pessoas que se agrupam por afinidades e interesses.

Como encontrar velhos amigos

Em sites de relacionamento ou redes sociais, você pode reencontrar seus amigos de escola, de infância, de juventude, ou com quem você trabalhou há muito tempo. Como localizá-los? A solução é utilizar as ferramentas da internet de redes sociais, que permitem a criação de perfis e de grupos de interesses. Em geral, nesses sites há grupos, como "ex-alunos da escola X", ou "colaboradores da empresa XPTO", ou "amigos do bairro Y", ou "grupo da igreja do bairro Z", ou "voluntários da creche W".

A finalidade de um site de rede social é permitir que os usuários construam uma rede de amigos. Essa rede é formada a partir da busca no site e no convite para que essa pessoa integre sua rede. Com essa rede formada, é possível uma comunicação fácil entre todos.

Associe-se a um desses sites de relacionamento, como o Orkut, muito popular no Brasil, e crie um perfil, ou seja, inscreva-se. Após criar seu perfil, é possível utilizar o sistema de busca do próprio site para localizar os diversos grupos de seu interesse.

Em geral, essas comunidades têm fóruns de discussão que permitem que seus participantes troquem mensagens públicas, que são uma ótima forma de se lembrar das experiências vividas e identificar aqueles que eram seus amigos mais próximos na época. Esses fóruns de discussão também são utilizados para combinar eventuais encontros reais de toda a turma da escola, por exemplo. Nesse caso, como são pessoas com quem você teve contato anterior na vida real, você pode ficar seguro, pois não é preciso tomar cuidados adicionais, como veremos no próximo tópico.

Quais sites você pode utilizar para esse fim? O primeiro site a fazer sucesso no Brasil foi o Orkut (www.orkut.com), que pertence ao Google. Até 2008, era o site com o maior numero de usuários no Brasil. Nos Estados Unidos, o mais usado sempre foi o Facebook (www.facebook.com), que, a partir de meados de 2008, apresentou um crescimento muito grande no Brasil.

Figura 4. O Orkut, site de relacionamento muito popular no Brasil

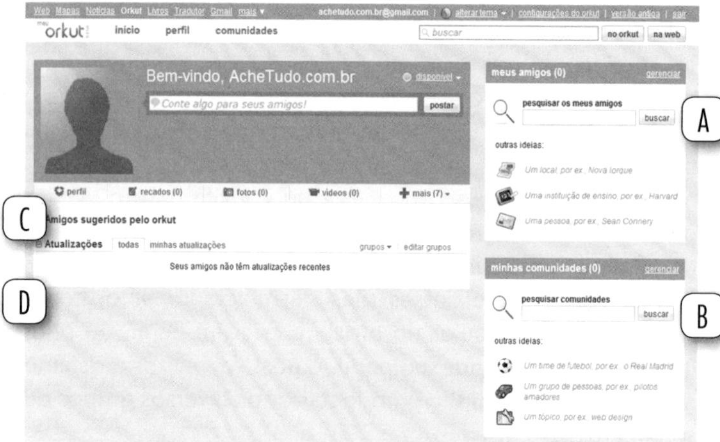

Acompanhe, observando a figura 4, as instruções para achar pessoas no Orkut. Na sua página principal do Orkut, à qual você terá acesso depois de se inscrever (seguindo as instruções que estão claramente descritas no site), você poderá usar o campo A para pesquisar nomes de amigos que queira encontrar no Orkut e incluir na sua rede. O Orkut trará como resultado todas as pessoas que possuem essas palavras em seu perfil. Pronto!

Você já deve ter percebido a importância de informar dados ao Orkut para seu próprio perfil, para que você também possa ser localizado com facilidade. Faça isso acessando o link **perfil**, na parte superior da tela. Na tela de resultados, você poderá refinar a busca a partir dos filtros apresentados à direita, como: faixa de idade, sexo, estado civil e outros. Ao selecionar uma pessoa, você pode verificar pelas informações se de fato é o seu amigo de outrora. Para adicioná-la, acione o botão **adicionar como amigo**. As fotos facilitam muito na identificação.

No campo B, você poderá fazer buscas por comunidades, como já mencionamos antes. Por exemplo, tente digitar o nome da escola em que você estudou na infância ou na adolescência, ou o nome de alguma empresa em que já trabalhou. Na tela de resultados, você também poderá refinar os resultados e, após selecionar uma comunidade de seu interesse, acionar o link **participar**, do lado esquerdo da tela, para solicitar sua inclusão. A maioria das comunidades aceita automaticamente os pedidos de inclusão, mas em algumas é preciso esperar a liberação de seu acesso (autorização) pelo criador da comunidade. Você também pode criar comunidades próprias e dessa maneira montar um grupo que tenha interesses iguais aos seus.

O Orkut ainda sugere, a partir dos seus amigos atuais, um conjunto de pessoas que talvez você também conheça, ou seja, amigos de amigos. Veja essa possibilidade no item C da figura 4.

Para que você possa acompanhar o que acontece com seus amigos e seguir o movimento das comunidades de que participa, observando todas as alterações recentes feitas por seus amigos e as atualizações das comunidades, veja na área D, da figura 4, o local em que o Orkut mostra essas informações.

Cuidado com suas informações

Para que você possa encontrar pessoas e ser encontrado, é importante informar os dados pessoais em seu perfil. Porém, isso deve ser feito de maneira que você não fique exposto a riscos de segurança. Não use nenhum dado de documentos, como número de RG, CPF, etc. Evite colocar detalhes da sua rotina, como o horário que costuma realizar alguma atividade. De forma alguma divulgue endereço e telefone. Há um manual muito interessante, criado por um órgão do governo chamado Rede Nacional de Ensino e Pesquisa (RNP). Faça a pesquisa: **RNP cartilha segurança redes sociais**. Baixe o documento do primeiro link e leia com atenção como participar de redes sociais com segurança.

Faça novos amigos

Os mesmos sites que usamos para encontrar nossos amigos da vida real, antigos ou atuais, podem ser usados para encontrar novos amigos. Na vida real, buscamos conhecer pessoas que gostem dos mesmos assuntos que nós. Assim também acontece com os amigos virtuais. Se você é fã de um grupo de música, de um cantor ou de um ator de novela, vai gostar de participar das comunidades e blogs de fãs e de trocar mensagens com opiniões, novidades, lembranças e muito mais sobre seu ídolo. O mesmo vale para todo tipo de assunto e interesse.

Dentre todos aqueles que participam da comunidade, por meio de opiniões em fóruns ou pelas mensagens deixadas em sua página de recados, você naturalmente vai notar pessoas que têm mais afinidade com você e poderá então trocar mensagens mais diretas e até partir para contatos por e-mail ou por programas de mensagens instantâneas, como MSN, Skype e Google Talk. Nesse momento, é necessário começar a ter atenção especial a aspectos de segurança. Esse contato mais direto permite a troca de informações mais pessoais, o que deve ser controlado, pois pode mesmo gerar inconvenientes. Muito cuidado ao fornecer informações pessoais a estranhos ou a pessoas em quem não se tem certeza de poder confiar.

Novos relacionamentos

É possível encontrar novas possibilidades de relacionamento na internet, como namoros e até casamentos? Sim, é possível, e há até sites especializados no tema.

Um novo relacionamento pode nascer de uma amizade que tenha surgido por meio de sites de relacionamento ou redes sociais, como já tratamos. Porém, muitas vezes, isso pode demorar bastante tempo ou não ser muito eficiente. Por isso, existem sites que ajudam as pessoas a buscar outras pessoas que se aproximam muito do que elas imaginam ser seu par ideal.

Isso funciona da seguinte maneira: em sites especializados em encontrar sua cara-metade, você se cadastra e coloca um perfil, que é bastante detalhado e dá especial atenção a aspectos pessoais, como gostos e preferências em vários tipos de assunto, entre os quais alimentação, música, passeio, interesses, viagens, etc. A segunda etapa é definir as características que você deseja em um parceiro ideal. Sites desse tipo comparam milhares – às vezes milhões – de pessoas e identificam aquelas com interesses compatíveis.

Como na vida real, você pode ter sorte e encontrar o que procura já na primeira tentativa, mas podem ser necessárias várias tentativas. Você terá, certamente, um começo promissor para um relacionamento com grandes afinidades. Com certeza, a chance de acerto é grande, talvez até maior que no dia a dia, considerando que a busca no mundo da internet inclui milhares de pessoas, enquanto na vida real você poderá encontrar, no máximo, centenas de candidatos.

Na internet existem sites que cobram por esse tipo de serviço. Os mais conhecidos são o www.parperfeito.com.br e o www.match.com. Existem ainda empresas que ajudam a promover encontros e aconselhamento e que também têm seu cadastro realizado pela internet, como a www.a2encontros.com.br. Nesse site, você pode ver a história de muitas pessoas que encontraram seu grande amor na internet e vivem muito felizes e satisfeitas.

Utilizando as dicas de busca ensinadas no capítulo 1 deste livro, você pode descobrir outros sites de encontro e partir para a busca de seu par.

3

Ache produtos, promoções e ofertas

Sem dúvida, um dos maiores benefícios que a internet trouxe para as pessoas foi a possibilidade de procurar e encontrar bons preços para compra de produtos, ofertas e promoções, pois ela permite fazer pesquisas para compras antes mesmo de sairmos de casa. Sem falar, é claro, da possibilidade de comprar pela internet e receber os produtos comprados pelo correio, pagando com cartão de crédito ou boleto bancário; uma grande facilidade, sem dúvida.

Antigamente, mesmo que fôssemos bem esforçados e tivéssemos tempo suficiente, poderíamos comparar preços de apenas algumas lojas, no máximo uma ou duas dezenas, e essas lojas necessariamente precisariam estar próximas de onde moramos ou trabalhamos. Isso restringia bastante nossa capacidade de localizar ofertas realmente interessantes e no momento em que precisássemos.

Além de haver sites para compras pela internet, há alguns sites que foram desenvolvidos com o objetivo específico de comparar preços entre lojas virtuais. Como isso funciona? Os preços podem ser pesquisados na internet automaticamente com a ajuda de um programa de computador especialmente desenvolvido. Esses programas são capazes de percorrer em segundos centenas ou milhares de lojas na internet e levar até você informações sobre as características dos produtos e os preços no momento da pesquisa.

Os bancos de dados desses sites costumam ser atualizados algumas vezes ao longo do dia, de tal forma que você sempre pode achar os preços e as ofertas atualizados. Porém, os sites de comparação de preços não garantem que o preço encontrado na loja real seja o mesmo que eles exibem nos seus sites. Por isso, é sempre importante confirmar na loja se o preço é o que você esperava.

Alguns dos principais sites do Brasil desse tipo são o Buscapé (www.buscape.com.br), o Bondfaro (www.bondfaro.com.br), o E-bit (www.e-bit.com.br) e o Jacotei (www.jacotei.com.br).

Para facilitar a busca, nesses sites os produtos são divididos em categorias, como, por exemplo, eletrodomésticos, CD e DVDs, brinquedos, etc. Uma das opções para localizar um produto desejado é navegar a partir da categoria até achar o produto. Todos os produtos dessa categoria, por exemplo, eletrodomésticos, serão exibidos sem nenhuma distinção de marca e/ou características do produto. Esse tipo de busca é interessante quando você não conhece as possibilidades que o mercado oferece para atender suas necessidades, pois você pode ver a variação de marcas, modelos e preços. A partir dessa primeira visão, você pode entender as características principais que interessam para o produto que deseja adquirir e optar pelo tipo de produto que você busca.

Usa-se uma forma mais direta quando já se conhece as características do produto que você deseja. Vamos imaginar que você já se decidiu por adquirir um notebook da empresa X, com um processador do tipo Core 2 Duo. Você pode ir até um dos sites de pesquisa de preços e digitar simplesmente o texto **notebook X Core 2 Duo**, no campo de busca que todos esses sites têm na página inicial. Serão mostrados os resultados de sua consulta somente com os produtos que possuem em sua descrição as palavras que você colocou. Essa forma restringe os resultados aos produtos e lojas específicos em que você deseja comprar, facilitando a busca e economizando seu tempo para localizar a melhor oferta no momento.

Pelas duas maneiras de localizar um produto, chegamos a uma lista de itens da qual podemos selecionar alguns produtos para uma comparação final. Normalmente, podemos fazer duas comparações: por preço de um mesmo produto ou por preço de vários produtos. Assim, primeiro comparamos vários produtos para decidir qual o produto (ou produtos) que atendem as nossas necessidades. Após essa etapa, partimos para a fase final de comparar esse item em várias lojas.

Avaliação da loja e do serviço

Na comparação dos produtos, podemos considerar as notas e opiniões que outras pessoas já fizeram e deixaram escritas no site. Ao chegar à melhor oferta, ainda não devemos comprar, mas atentar a um ponto fundamental, que é verificar a avaliação da loja, feita por quem já comprou nela.

É claro que se você estiver considerando as lojas virtuais das grandes redes de lojas brasileiras, como, por exemplo, as Lojas Americanas (www.americanas.com.br) ou de renomadas lojas virtuais, como a Submarino (www.submarino.com.br), você terá certeza de que não se trata de um golpe ou de uma loja falsa. Mas é sempre bom analisar como a empresa está atendendo aos pedidos dos clientes no mundo virtual.

Você pode também ter localizado uma excelente oferta em uma loja virtual totalmente desconhecida. Nesse caso, é fundamental a análise das referências. Todos esses sites permitem que os usuários façam uma avaliação das lojas em que compraram produtos. Uma loja com muitas referências positivas e um preço excelente normalmente oferece uma grande chance de realizarmos um bom negócio!

Em todos esses sites, uma colaboração importante a ser dada é você também avaliar as lojas utilizadas, bem como os produtos e o serviço prestado, como prazo, entrega, qualidade do produto que chegou a você pelo correio, etc. Se você quiser mais informações da loja, uma alternativa é acessar o site www.reclameaqui.com.br. Nesse site os usuários de lojas virtuais e reais informam suas reclamações e as empresas têm a opção de responder.

Compra e venda entre pessoas físicas

Outra forma de comercializar produtos pela internet é por intermédio de sites de venda entre pessoas físicas, que incluem produtos novos e usados, como, por exemplo, o site Mercado Livre (www.mercadolivre.com.br). Sua criação foi inspirada no site norte-americano Ebay (www.ebay.com), mais antigo e muito bem-sucedido.

Esse tipo de site possibilita que pessoas ofereçam produtos novos e usados para serem vendidos, comprados ou trocados. O próprio vendedor enviará para você, geralmente pelo correio, o produto comprado, ou combinará por telefone ou e-mail a forma de retirar o produto. Os produtos podem ser pesquisados de forma similar à que se faz em sites de comparação de preços, ou seja, por categoria ou por palavras-chave. Porém, a lista de resultados é formada por ofertas colocadas por outras pessoas. Na parte superior da tela do site do Mercado Livre, existe a opção de refinar sua busca clicando nas opções de categorias e subcategorias sugeridas. Por exemplo, se procurarmos por notebooks, haverá as opções de marcas, processador, tela ou ainda filtros por localização, forma de pagamento, se é novo ou usado, entre outras.

Conforme você selecionar as opções, os resultados serão automaticamente classificados, e essa classificação aparece na parte superior da tela. Caso queira retirar a opção do filtro de classificação, basta clicar no **X** ao lado da palavra do filtro. Por exemplo, para tirar o filtro de local (como São Paulo) você clicaria em **São Paulo X**.

Após escolher o produto, você pode obter detalhes dele ao clicar no link sobre seu nome ou foto (imagem). Nesse site, a avaliação do vendedor é realizada pelos próprios usuários, cada vez que compram de uma determinada pessoa. Ao confirmar sua compra, será enviado um e-mail para o vendedor com seus dados e você receberá um e-mail com os dados do vendedor.

Uma forma de segurança importante é a utilização de um mecanismo de pagamento denominado Mercado Pago. Usando esse serviço, o pagamento é creditado para o Mercado Pago, que só encaminha o pagamento para o vendedor após o comprador confirmar o recebimento da mercadoria. Essa é uma importante ferramenta de segurança para o comprador e para o vendedor.

Torne-se também um vendedor pela internet

Como pode ver, você tem a oportunidade de tornar-se também um vendedor pela internet. Mas o que vender? Qualquer item em bom estado que você não usa mais ou que não quer mais, como TV, micro-ondas, liquidificador, instrumento musical, joias, móveis, brinquedos, etc. Experimente anunciar e vender produtos no Mercado Livre e você vai se surpreender com os resultados.

Entretanto, fique atento a toda mensagem que você receber via e-mail. Ela deve ser verificada no site do Mercado Livre, pois você pode receber e-mails confirmando compras e/ou vendas e até mesmo pagamentos do Mercado Pago que podem ser falsos! Ou seja, você coloca um produto à venda e recebe um e-mail – com todas as características do verdadeiro –, porém ele é falso e leva você a enviar o produto sem o site ter, de fato, recebido o valor do pagamento feito pelo comprador.

A forma de evitar esse tipo de golpe é simples: sempre visite o site para fazer a confirmação das informações. Se você comprar algo nesse site, o serviço será totalmente gratuito. Se você for vender, poderá anunciar gratuitamente, mas, na concretização do negócio, deverá pagar uma taxa, que é informada no momento do cadastro do produto.

Viagens e passagens pela internet

A internet é uma poderosa ferramenta para as pessoas buscarem opções para suas viagens. No site Decolar (www.decolar.com), é possível buscar opções de passagens aéreas, hotéis e aluguel de automóveis. No caso de passagens aéreas, é importante você visitar o site das principais empresas e companhias aéreas que sempre oferecem grandes promoções, como Gol (www.voegol.com.br), TAM (www.tam.com.br), Webjet (www.webjet.com.br) e Azul (www.voeazul.com.br).

Ofertas e promoções

Busque ofertas e promoções utilizando sites de busca, como foi orientado na parte 1 deste livro. Digite o nome do produto que você deseja e coloque a palavra **oferta** ou **promoção**. Você encontrará várias opções. Há um site chamado Peixe Urbano (www.peixeurbano.com.br) que oferece várias opções de ofertas todos os dias, em várias cidades do Brasil.

Não é raro encontrar bons preços e promoções em lojas virtuais de grandes redes, ou seja, o produto comprado pela internet pode ser mais barato que o produto vendido na loja real. Não se esqueça de considerar, entretanto, o valor de frete que é cobrado para entregar o produto em sua casa. Isso pode mudar o real valor de compra pela internet.

4

Ache informações para trabalhos escolares e profissionais

A internet é um mar de informações, como já dissemos. Através dela, muitas pessoas, organizações e instituições disponibilizam, diariamente, milhares de informações importantes e relevantes sobre os mais diversos assuntos. Tudo isso, é claro, pode ser usado para trabalhos escolares ou profissionais, mas é importante saber separar o que é relevante e verdadeiro para o que você quer do que é inútil para determinado contexto e até falso ou não comprovado.

Vamos analisar: se procurarmos a palavra **justiça** nos mecanismos de busca, o que obteremos de retorno? Certamente, vários assuntos relacionados a, por exemplo, diversos tribunais e jurisdições. Será que é isso o que você procura? Vamos supor que você esteja procurando material para um trabalho de escola ou de faculdade e esteja interessado na definição e na história da justiça ao longo dos tempos. Nessa situação, você terá de navegar em várias páginas de respostas para encontrar alguns links interessantes.

Há alguma maneira melhor de fazer essa pesquisa? Sim, e de mais de uma forma. Inicialmente, você pode utilizar alguns comandos do próprio mecanismo de busca. No caso do Google, você pode usar o comando **define**: e fazer sua busca digitando **define:justiça**. Esse comando foi mostrado na parte 1 deste livro. O resultado de sua busca serão links para sites que oferecem definições do termo "justiça". É claro que podem aparecer definições não tão interessantes, como a justiça relacionada aos desenhos em quadrinhos da Marvel, por exemplo, mas haverá muitos links relevantes.

A Wikipédia

Uma forma interessante de iniciar uma busca de assuntos é pelo site da enciclopédia aberta Wikipédia (www.wikipedia.org.br). Esse site é uma enciclopédia on-line totalmente produzida por quem quiser contribuir voluntariamente, ou seja, qualquer pessoa pode melhorar uma definição ou descrição de um termo ali presente. Mas, se é assim, quem garante que a definição estará correta? Na verdade, não há garantia absoluta; porém, como todos podem alterar as definições, a própria comunidade trata de ajustar possíveis erros ou imprecisões. Essa iniciativa começou nos Estados Unidos, com a Wikipédia em inglês, e hoje já existem versões em 37 idiomas.

Quando você quer conhecer um assunto de uma forma geral, por exemplo, administração de empresas, a Wikipédia pode ser um bom começo. Ela organiza todos os termos e assuntos de um determinado tópico e, mesmo que não tenha detalhes do assunto que possam ser totalmente confiáveis, ela é um ótimo ponto de partida para conseguir uma visão geral sobre um determinado assunto que você deseja estudar ou saber. Os assuntos da Wikipédia são os mais variados, e você pode ver uma lista completa dos portais dos assuntos em português, ou seja, de grandes assuntos abordados pela Wikipédia, em: http://pt.wikipedia.org/wiki/Categoria:!Portais. Um ponto importante de partida é a página principal dos portais da Wikipédia: http://pt.wikipedia.org/wiki/Wikipedia:Portal

Pesquisa em livros

Outro ponto de partida para a busca de assuntos específicos é o Google Livros (ou Google Books, em inglês). Nesse site, o Google disponibiliza milhões de livros que foram digitalizados segundo acordos com bibliotecas, editoras e autores. Faça a pesquisa do Google Livros no Google e o primeiro site do resultado será a página principal que você usará.

É possível procurar temas, palavras, autores e nomes de livros. Os resultados indicam se o livro possui visualização disponível, ou seja, se há páginas do livro disponíveis para leitura. Alguns exemplos:

- Você precisa estudar José de Alencar para um trabalho da escola. Experimente buscar **José de Alencar** e obterá como resposta uma lista de livros com visualização completa ou parcial, para você ler e fazer seu trabalho.
- Você está pensando em abrir um negócio próprio e, para isso, quer informações e leitura sobre empreendedorismo. Note que é possível você ler parte de vários livros e, a partir da sua necessidade, comprar numa livraria a obra que possui as informações adequadas.

Pesquisa geral

Utilizando as dicas dadas na parte 1 deste livro, você poderá buscar tópicos, temas e assuntos com grande agilidade e facilidade.

5

Ache um novo emprego

Atualize-se pela internet

Quando estamos pensando em mudar de emprego, ou quando estamos desempregados e queremos achar uma colocação, é muito importante lembrar a palavra empregabilidade. A empregabilidade é a capacidade de um profissional de se adequar às novas necessidades do mercado de trabalho, além de sua capacidade de proteger sua carreira dos riscos inerentes ao mercado de trabalho, como mudanças, crises, alterações de condições, etc.

Isso significa que precisamos estar constantemente trabalhando para aumentar nossa empregabilidade, estando ou não procurando emprego. A internet pode nos ajudar muito com isso. A primeira coisa que ela pode fazer por você é ajudá-lo a manter-se atualizado!

Todas as áreas do conhecimento humano estão representadas na internet por meio de sites de associações, empresas, universidades, escolas, etc. Então, o primeiro passo é procurar sites e informativos relacionados à sua atividade de trabalho, ou à área para a qual você quer um novo emprego, e ler atentamente todas as informações, pensando, refletindo e assimilando seu conteúdo. Procure sempre por sites das entidades de classe ou das melhores faculdades sobre um determinado assunto para assinar e receber informativos via e-mail, mantendo-se atualizado a respeito dos assuntos importantes para seu trabalho.

Faça cursos on-line

Hoje em dia, também é possível realizar excelentes cursos pela internet. São os famosos treinamentos on-line. Você precisa buscar em sua área quais são os sites que podem ajudá-lo. Atualmente, existem opções de faculdades à distância e até mesmo cursos de pós-graduação, além de cursos específicos para um determinado assunto. Há até palestras e seminários gratuitos.

Outro ponto fundamental é manter uma rede de relacionamentos! Você precisa se comunicar, manter-se informado e passar para a frente informações importantes e relevantes para todas as pessoas que sejam do seu meio profissional.

Utilize os sites de busca para achar cursos, palestras e workshops em sua área profissional ou de interesse.

Comunidades

Os sites de relacionamento também são utilizados para a criação de comunidades relacionadas a uma atividade ou profissão. No caso da enfermagem, por exemplo, existem no Orkut mais de 1.000 grupos formados, e não é incomum haver ofertas e procuras de vagas de empregos.

Outro ponto importante de encontro de profissionais é a área de grupos do Yahoo!, que fica em http://br.groups.yahoo.com. Ela é uma lista de distribuição de e-mails, ou seja, você envia uma mensagem para um e-mail principal e ele é transmitido para todos os participantes desse grupo. Pode haver um mediador, que libera ou não as mensagens, ou elas podem ser enviadas diretamente. Por exemplo, existem mais de 88 grupos sobre maquiagem.

Sites de ofertas de vagas

Depois de atualizações e trocas de informações, chega o momento efetivo de procurar novas oportunidades. Como proceder?

Dentro de seu planejamento profissional, você deve ter uma lista de empresas que são seu objetivo principal. Então, não perca tempo: procure o site de cada empresa e localize o link para enviar seu currículo. Hoje em dia, é até mais comum enviar currículos pela internet que pelo correio, como acontecia há alguns anos. Aliás, sobre currículo, é possível encontrar modelos na internet para que você faça ou aprimore o seu. Treine suas procuras nos sites de busca.

Outro ponto importante para a busca de oportunidades são os sites mantidos por órgãos do governo, sindicatos, ONGs, etc. Alguns deles apresentam as instruções de como proceder para participar de programas de recolocação profissional mantidos por esses órgãos. Em muitos casos, é necessário comparecer pessoalmente nesses órgãos para uma recolocação profissional. Em outros, entretanto, é possível utilizar todo o serviço pela internet, como, por exemplo, no site do governo do Estado de São Paulo (www.empregasaopaulo.sp.gov.br).

Outra ação importante é incluir seu currículo nos diversos sites que oferecem um serviço (gratuito ou pago) para a divulgação de seus dados para as empresas. Existem três modelos básicos de funcionamento dos sites:

- Profissionais incluem seu currículo gratuitamente, e as empresas fazem uma busca paga desses currículos.
- Profissionais incluem seu currículo e pagam por isso, e as empresas fazem uma busca gratuita deles.
- Modelo misto, em que há algum tipo de gratuidade e cobrança por parte das empresas e dos profissiois.

Alguns exemplos desses sites são:

- www.vagas.com.br
- www.curriculum.com.br
- www.catho.com.br
- www.manager.com.br

6

Ache informações sobre saúde

Como fonte inesgotável de informações, a internet reúne diversos dados sobre saúde em geral, divulgados por profissionais e por sites especializados nas mais diferentes áreas da saúde, como especialidades médicas, nutrição e alimentação saudável, odontologia, educação física, estética e beleza, etc.

É claro que nada substitui uma consulta a um especialista em termos de saúde, e nunca se deve tomar nenhuma atitude ou medicamento sem a consulta prévia a um profissional habilitado. Mas informações sempre podem ser úteis para ter um panorama sobre determinado assunto, e uma boa maneira de se informar sobre saúde, bem-estar e qualidade de vida é pesquisar na internet.

Há muitos sites que informam os avanços da ciência em determinadas áreas, e também os principais mitos e erros que se cometem em relação a certo assunto ligado à saúde, o que pode ser bem útil.

Informações sobre doenças

A internet é muito rica em informações sobre doenças. Se você quiser saber detalhes sobre determinada enfermidade, como sintomas, consequências, indicações mais comuns, etc., você pode ir até um mecanismo de busca e pesquisar sobre o tema.

Há um site muito interessante, chamado Idmed (http://idmed.com.br), que é um serviço totalmente gratuito que armazena seu prontuário médico na internet. É possível registrar medicamentos habituais, vacinas aplicadas, cirurgias realizadas, alergias, doenças e outros dados ligados à saúde, além do contato dos familiares em caso de emergências.

Outros sites interessantes são o Orientações Médicas (www.orientacoesmedicas.com.br), que é um serviço de informação sobre prevenção de doenças, e o ABC da saúde (www.abcdasaude.com.br), que é um portal direcionado ao público em geral com o objetivo de divulgar informações e orientações sobre temas de saúde, com 690 artigos escritos exclusivamente por mais de 40 especialistas.

Bulas e medicamentos

Se você perdeu a bula de um remédio ou quer saber mais sobre determinados medicamentos, é possível encontrar na internet alguns sites que reproduzem as bulas. Alguns deles são www.tuasaude.com/c/bulas, www.buladeremedio.com.br e www.bulas.med.br.

Mas não esqueça: não tome medicamentos sem a indicação de um médico. A informação disponível na internet é apenas para auxiliar, e não para substituir, as orientações profissionais. A automedicação pode ser muito perigosa!

Nutrição e receitas saudáveis

Há muita informação útil sobre alimentação saudável na internet, como receitas, dados sobre alimentos, tabelas de calorias, textos de especialistas, exemplos, cálculos de IMC (índice de massa corpórea), etc. Alguns sites interessantes são www.saude.com.br, www.saudeplena.com.br, www.minhavida.com.br e www.nutricaoativa.com.br, mas é claro que você pode pesquisar muito mais.

Atividades físicas e bem-estar

Da mesma maneira, há uma infinidade de sites, portais e blogs sobre atividades físicas e tudo o que você pode fazer para ter mais bem-estar e qualidade de vida. Mas o mais interessante é, além de ler textos e ver fotos, também assistir a vídeos. Você pode ir até o site de vídeos You Tube (www.youtube.com) e, na área de pesquisa do site, escrever algo como **aula de aeróbica**, ou **ginástica em casa**, ou **aula de ginástica**. Você verá que há vários vídeos de professores brasileiros que gravaram suas aulas e as deixaram disponíveis nesse site. Você poderá assistir e até acompanhar, como se fosse uma aula particular, ou ver na prática como fazer determinado exercício.

Palavras finais

Neste pequeno livro, procuramos dar as principais dicas para que você consiga achar tudo o que você quer e precisa na internet. Esperamos que, a partir das informações destas páginas, você possa aprender mais e aproveitar para usar os recursos aqui ensinados não apenas para os assuntos abordados no livro, mas também para qualquer outra área do conhecimento humano ou da vida prática.

A internet é uma fonte poderosa de conhecimento, que pode ser usada e aproveitada por todos. É claro que, como na vida, sempre é necessário cuidado e prudência ao lidar com informações e com pessoas. O bom senso e a cautela devem sempre acompanhá-lo na hora de separar o que é útil e importante do que é irrelevante e até desaconselhável.

Esperamos que você consiga encontrar tudo o que precisa! Boa sorte em suas buscas!

Anotações

Anotações

Anotações